BEI GRIN MACHT SICH IHR
WISSEN BEZAHLT

- Wir veröffentlichen Ihre Hausarbeit,
  Bachelor- und Masterarbeit

- Ihr eigenes eBook und Buch -
  weltweit in allen wichtigen Shops

- Verdienen Sie an jedem Verkauf

Jetzt bei www.GRIN.com hochladen
und kostenlos publizieren

Bibliografische Information der Deutschen Nationalbibliothek:

Die Deutsche Bibliothek verzeichnet diese Publikation in der Deutschen National-
bibliografie; detaillierte bibliografische Daten sind im Internet über http://dnb.d-
nb.de/ abrufbar.

Impressum:

Copyright © 2001 GRIN Verlag, Open Publishing GmbH
Druck und Bindung: Books on Demand GmbH, Norderstedt Germany
ISBN: 9783640203710

Dieses Buch bei GRIN:

http://www.grin.com/de/e-book/49785/der-dramaturg-und-siegfried-wagner-eine-
fallstudie-nicht-nur-am-beispiel

Sabine Busch-Frank

Der Dramaturg und Siegfried Wagner - Eine Fallstudie, nicht nur am Beispiel der 'Heiligen Linde'

GRIN Verlag

GRIN - Your knowledge has value

Der GRIN Verlag publiziert seit 1998 wissenschaftliche Arbeiten von Studenten, Hochschullehrern und anderen Akademikern als eBook und gedrucktes Buch. Die Verlagswebsite www.grin.com ist die ideale Plattform zur Veröffentlichung von Hausarbeiten, Abschlussarbeiten, wissenschaftlichen Aufsätzen, Dissertationen und Fachbüchern.

Besuchen Sie uns im Internet:

http://www.grin.com/

http://www.facebook.com/grincom

http://www.twitter.com/grin_com

Der Dramaturg und Siegfried Wagner

Eine Fallstudie, nicht nur am Beispiel der „HEILIGEN LINDE"

Zum 125. Geburtstag des Erben von Bayreuth richtete ihm das Richard-Wagner-Museum im Haus Wahnfried eine Ausstellung unter dem Titel „Das Theater Siegfried Wagners" aus. Doch der Titel führte in die Irre – behandelt wurde ausschließlich sein Wirken als Festspielleiter, das eigene Opernschaffen wurde bis auf Marginalien ausgegrenzt. Im Ausstellungsheft ist dazu zu lesen:

> „Siegfried Wagners eigenes kompositorisches Schaffen, das unter anderem immerhin 15 vollendete Opern (!) umfasst, konnte in der Ausstellung nicht berücksichtigt werden. Es ist ein Thema für sich, das es nicht verdient, gleichsam als Appendix zu seinem Bayreuther Bühnenschaffen abgehandelt zu werden."[1]

Auch anderweitig ist es schwierig, sich über das Opernschaffen Siegfried Wagners zu informieren – nehmen wir an, einem Dramaturgen würde eines von Siegfried Wagners Opernwerken zur Beurteilung vorgelegt werden, so kann dieser wohl im Normalfall kaum auf die nur schwer erreichbare Sekundärliteratur zurückgreifen.

Auch die dramaturgische Zuordnung der Bühnenwerke Siegfried Wagners ist kein leichtes Unterfangen. Daß das so vorschnell wie unausrottbar an ihn vergebene Signum „Märchenopernkomponist" nicht zu halten ist, ist schnell belegbar, paßt doch diese Bezeichnung nur zu ‚DER BÄRENHÄUTER, OP.1", „AN ALLEM IST HÜTCHEN SCHULD, OP. 11" und „DAS FLÜCHLEIN, DAS JEDER MITBEKAM, OP.18". Aber wie soll man die Opern dann benennen? Sind es überhaupt Opern oder womöglich musikdramatische Werke oder gar Bühnenfestspiele wie bei Wagner dem Älteren? Da von einer Aufführungstradition nicht die Rede sein kann, muß man sich oft damit begnügen, die Libretti für die Lösung dieser Frage heranzuziehen. Dabei ist allerdings zu beachten, dass Siegfried Wagner seine Libretti als eigenständige Dichtung erscheinen ließ – oft bevor die Komposition abgeschlossen war. Daher können bei Libretto und der Fassung letzter Hand unterschiedliche Fassungen des Textes vorliegen, ohne dass deswegen eine von beiden nicht autorisiert ist.

Als Librettist gibt Siegfried Wagner dem Dramaturgen allerdings keinen Fingerzeig über die Art seiner Werke, so nennt er zwar „AN ALLEM IST HÜTCHEN SCHULD" ein „Märchenspiel in

---

[1] Friedrich, Sven „Das Theater Siegfried Wagners. Eine Ausstellung des Richard-Wagner-Museums im Haus Wahnfried zu Siegfried Wagners 125. Geburtstag", Bayreuth o. J. (1994), S. 3-4.

drei Akten" und das „FLÜCHLEIN, DAS JEDER MITBEKAM" ein „Spiel aus unserer Märchenwelt", beläßt es aber ansonsten bei einfachen Aktangaben.

Berücksichtigt man die Titelgebung seiner 18 abendfüllenden Bühnenwerke (einschließlich des Fragment gebliebenen op. 16) an, so stellt man eine Vorliebe für Substantive fest, die manchmal in Synästhesie zur Metapher gereiht werden (STERNEN-GEBOT, SCHWARZ-SCHWANEN-REICH) oder aus dem gleichen Sinnesgebiet stammen (SONNEN-FLAMMEN, LIEBES-OPFER). Den Titeln ist gemeinsam, daß sie keinen konkreten Hinweis auf den Inhalt der Oper geben, ja oft auf die falsche Spur locken – große Ausnahme ist dabei der Opernerstling, „DER BÄRENHÄUTER", bei welchem man Grimm erwartet und Grimm zu hören bekommt. Bei „Der KOBOLD" könnte man eher eine komische Oper, bei „HERZOG WILDFANG" eine Art heitere Operette erwarten. Eine Dietrich von Bern-Handlung vermuten hinter „BANADIETRICH" wohl nur äußerst sattelfeste Germanisten[2], dagegen wird wiederum enttäuscht, wer bei „BRUDER LUSTIG" das entsprechende Grimm'sche Märchen erwartet. „RAINULF UND ADELASIA" sind eben keine hehren Liebenden wie „TRISTAN UND ISOLDE", das scheinbar verbindende Wörtlein „und", über das auch schon das Liebespaar beim Vater ins Grübeln kam, lockt beim Sohn schlichtweg auf die falsche Fährte – Adelasia liebt nämlich Osmund und Rainulf bestenfalls sich selbst! „FRIEDENSENGEL" könnte eine Münchner Stadtgeschichte erzählen und „DER HEIDENKÖNIG" eben auch eine Art Vorgängeroper zu Norbert Schultzes Heidschnuckenrumantik in der 1936 uraufgeführten Oper „DER SCHWARZE PETER" (mit Heideglück und Erikapflänzchen, soweit das Auge blickt), darstellen. Dabei handelt es sich um die Auseinandersetzung zwischen Heidentum und Christentum an der Schwelle zu einer neuen Zeit!

Wo Siegfried Wagner scheinbar mehr andeutet, wenn er nämlich längere Operntitel wählt, verrät er eben doch nichts, sondern macht nur neugierig: „AN ALLEM IST HÜTCHEN SCHULD" – aber was für ein Hütchen? Und woran ist die Kopfbedeckung schuld? Oder was ist das für ein „FLÜCHLEIN, DAS JEDER MITBEKOMMEN HAT", möchte man sich fragen – und ist mitten in der Handlung angekommen, gleichsam vom Titel hineinverlockt. Als Titelgeber ist Siegfried Wagner nicht zu trauen...

Dafür helfen sprechende Namen durch das Operndickicht, Figuren namens „Hans Kraft", „Melchior Fröhlich", „Liebhold", „Friedelind", „Fritigern" kann man unbesorgt vertrauen, der Reinhart hat eben auch ein reines Herz und manchmal, wie beim „Schneider Zwick" oder

---

[2] So gibt es z. B. bei Vernaleken, Theodor „Mythen und Sagen des Volkes in Österreich", Wien 1859 als Sage Nr. 19 die Sage von Dietrich von Bern als verdammten „Banadietrich".

beim „Gärtner Zupfer" (benannt nach dem Wahnfriedgärtner Hupfer) steckt im Namen ein Schmunzeln. Wegweiser sind auch die Namen des Personals aus der übernatürlichen Sphäre: „Das Wurzelweib vom Hahnenkamm", „Galgenmännchen" (im Volksaberglauben entsteht aus dem Samen eines Gehängten ein zauberkräftiges Wurzelwesen dieses Namens), „Frau Urme", „Raunerath", „Flederwisch" – hier ist Vorsicht geboten.

Dazu gibt es auch namenlose, nur durch ihr Handeln charakterisierte Figuren: „Der böse Jäger", „Die Stimme des Herrn", „Der Versucher" oder gar „Eine böse Zunge" lassen sich auf den Besetzungslisten ausmachen.

Die Sprache des Librettisten erscheint oft von Archaismen geprägt, er macht sie sich auf altdeutsch anmutende Weise für die Musik „passend", mischt verschiedene Strophen- und Reimformen sowie gereimte, ungereimte, kurze und lange Verse innerhalb seines Textes bunt, wie es ihm paßt – und nicht „nach der Regel" oder, wenn doch, dann getreu nach Hans Sachs: „Ihr stellt sie selbst und folgt ihr dann"[3].

Siegfried Wagners Libretto-Sprache irritiert –und das nicht nur den heutigen Zuhörer, so schrieb Julius Korngold:

> „Und was für Verse, was für Deutsch! Zu den Geheimnissen der Oper muß auch irgendein Zaubertrank gehören, der Tristan mit Buschs ‚frommer Helene' zusammengebracht hat. Es wimmelt von verstümmelten Verkürzungen, geschraubten Wortzusammensetzungen (Traumwetterwolken, Mutterzank, Wolkenherz, Minnewonnegeck usf.) in diesem Libretto."[4]

Vor der Qualität anderer Opernlibretti muß sich sein dichterisches Werk allerdings nicht verstecken, wenn man sie sich auch wahrlich nicht als Lesedrama zu Gemüte führen wollte! Doch wer möchte beispielsweise den Beginn von „RHEINGOLD" als ernstgemeinte Lesung hören?

Natürlich ist es sakrosankt, vertonte Sprache ohne die Musik bewerten zu wollen, und so wird auch für den kritischen Dramaturgen manches, was sich zweifelhaft liest, beim Zuhören zum sinnvollen Element der Operndichtung. Als Beispiel mag das Lied der Urme aus „BRUDER LUSTIG" gelten:

> „Da bin ich schon, seht!
> Trudeli, prudeli
> Tralalalaleia!
> Mädel! Singt Lieder!
> Die Kröte bringt Glück!

---

[3] So Hans Sachs in III,2 von „Richard Wagner „Die Meistersinger von Nürnberg".
[4] Korngold, Julius „Deutsches Opernschaffen der Gegenwart. Kritische Aufsätze", Leipzig und Wien 1921, S. 52.

Die Kröte kommt nieder!
Das Kupfer macht dick!
Greift sie nur dreist!
Frau Unke ist feist!
Schon hopst sie nicht mehr.
Das Bäuchlein ist schwer!"[5]

Was hier so irrwitzig, fast kindisch daherkommt, ist das Vorspiel zum Lied der Urme, einer lautmalerisch illustrierten, faszinierenden Charakterstudie. Die absurde, fast unsinnige Einführung in die große Arie der Zauberin ist gezielt gewählt, um die Überraschung, die sie bereit hält (die klar geschilderte Denunziation des Kaisers als Nutznießer ihrer Zauberei) vorzubereiten. Die scheinbar irre Alte ist in dieser Oper die einzige, die alle Fäden der Handlung kennt – da der Zuschauer dies erst ganz zum Schluß erkennen kann, nutzt Siegfried Wagner den letzten Auftritt der Urme, um die Fallhöhe zwischen der komischen alten Verrückten und der klugen, bösen Hexe maximal auszuweiten.

Es erweist sich also – und das nicht nur am hier gewählten Beispiel! – dass der eigenwillige Sprachduktus der Operndichtungen Siegfried Wagners in Verbindung mit der Musik zur Charakterisierung von Personen und Situationen bestens geeignet ist.

Das motivische Reservoire, aus dem Siegfried Wagner seine Opernhandlungen erschafft, ist dabei vielseitig. Oft greift er auf gedruckte oder mündlich überlieferte Quellen, manchmal auf selbst Erlebtes zurück, zeichnet seine Figuren im rustikalen Volkston, läßt aber auch phantastische, märchen-/sagenhafte Elemente zu oder beruft sich auf historische Komponenten. Als Kind seiner Zeit, welche ja die Psychoanalyse „erfand", ist ihm auch eine psychologisierende Facette nicht fremd.

So fließen beispielsweise in „DIE HEILIGE LINDE" historische Elemente (Römische Expansionspolitik, Christianisierung) genauso ein wie Sagen-/Märcheneinflüsse. Beispielsweise kennt man das Motiv der Mutter, die heimlich ihr schlafendes Kind besucht und dabei vom Gatten beobachtet wird aus dem Grimm'schen Kinder- und Hausmärchen „Brüderchen und Schwesterchen" und der getreue Eckhart ist alter Bekannter aus der Sagenwelt[6]. Thematisch könnte man das Werk als eine Art Vorgeschichte zum "HEIDENKÖNIG", op. 9 betrachten: Hier wird der heidnische Glaube trotz aller offenbar barbarischer Züge (Hinrichtung der Kriegsverbrecher I,5, Bestrafung der Ehebrecherin I,9) ad positivum gegen die dekadente, charakterlose und verlogene Gesellschaft Roms gesetzt – im „HEIDENKÖNIG" wird dann der heidnische Glauben durch das Christentum bedrängt, es

---

[5]   Wagner, Siegfried „Bruder Lustig in drei Akten", Textbuch, op. 4, Leipzig 1905, S. 64.

entstehen Mischformen, wenn nicht sogar zum Opernende die christliche Religion die ältere eindämmt.

Zum **dramatischen Aufbau** der Opern Siegfried Wagners ist – vor allem von Peter P. Pachl[7] und Dieter Heinz – schon öfters bemerkt worden, daß das Architekturstudium seine Spur hinterlassen hat, jedenfalls ist dem Librettisten ein starkes Formenbewußtsein eigen. Meist wirken die Akte in der Anzahl und Proportionierung ihrer Szenen wie auf dem Reißbrett umrissen, bieten perfekte Harmonie, sind sogar nach den Gesetzen des goldenen Schnittest ausgeführt. Übrigens war dies Siegfried Wagner sehr wohl bewußt, schreibt er doch in seinen „Erinnerungen":

> „[...]und vielleicht kann man es auch den verschiedenen Vorspielen zu meinen Opern, ja, selbst meinen Dichtungen anmerken, daß dem Verfasser Sinn für Architektonik innewohnt[...]"[8]

Hierzu gebe ich meinen Ausführungen das Modell von Dieter Heinz **am Beispiel der „Heiligen Linde"**[9] bei:

---

6   Z. B. Grimm Jacob und Grimm, Wilhelm (Hrsg.) Deutsche Sagen. Kommentierte Ausgabe auf Grundlage der ersten Auflage", Frankfurt am Main 1994, Nr. 7 und Nr. 313.

7   Pachl, Peter P. „Siegfried Wagner. Genie im Schatten", München 1988.

8   Wagner, Siegfried „Erinnerungen", Stuttgart 1923, S. 44.

9   Heinz. Dieter „Szenischer Aufbau und Proportion in Siegfried Wagners „Die heilige Linde", ISWG [Internationale Siegfried Wagner Gesellschaft e. V.] „Mitteilungsblätter", November 1987, S. 6.

Siegfried Wagner: Die heilige Linde (1927)   Versuch einer Übersicht: O. Heinz 1987

ABSCHNITT	SZENE	BÜHNENBILD	PROPORTION	BESONDERE WENDEN DER HANDLUNG
ERSTER AUFZUG	1	Vor Arbogasts Halle in Deutschland		(Tag)
	2			
	3		5	
	4			
	5			
	6		11	Hildegard und Fritigern / Begegnung
	7			
	8			
	9		5	
	10			
	11			
ZWEITER AUFZUG	1	Vor Philos Haus in Rom		(Nachmittag)
	2			
	3		5	
	4			
	5		10	Arbogast verlässt Hildegard
	6			(Abend) Hildegard allein
	7			
	8		5	
	9			
	10			(Nacht)
DRITTER AUFZUG	1	Vor Arbogasts Halle in Deutschland (aber nach Verbannung durch Rom!)		
	2			
	3		6	
	4			
	5			Arbogast und Philo / Entzweiung
	6			(Abend) Arbogasts Reue
	7	Im Innern einer Hütte		(Nacht) Arbogasts Sühne
	8	„Freie Stelle im wilden Walde" vor dieser Hütte		(Tagesanbruch)
	9			Hildegard und Fritigern / Vereinigung

Diese Systematik wurde vor der Uraufführung der "heiligen Linde" in Köln 2001 erstellt – Heinz unterlag also den gleichen Zwängen, wie ein Dramaturg und hatte für seine seit 1979 in den Mitteilungsblättern der „Internationalen Siegfried Wagner Gesellschaft e. V." erschienenen Analysen oft ebenfalls nur Libretto oder Klavierauszug – bestenfalls eine Partitur – zur Verfügung. Für „Die heilige Linde" wurden Klavierauszug und Aufführungsmaterial erst zur Uraufführung 2001 erstellt und konnten ihm nicht vorliegen. Heinz weist demnach auf Grundlage der ersten Fassung von Siegfried Wagners Hand darauf hin, daß in jedem Aufzug eine Szene oder eine Handlungssituation als entscheidend gewertet und daher zentral positioniert wird:

Im ersten Aufzug dient die schicksalhafte Begegnung zwischen Hildegard und Fritigern der Exposition der Handlung, beinhaltet aber auch schon an der Peripetie einen Verweis auf den Konflikt: Eine Frau steht zwischen zwei Männern.

Der zweite Akt treibt die Handlung an anderem, konträrem Ort (nicht mehr vor Arbogasts Halle sondern vor Philos Haus in Rom) weiter voran und genau in der (strukturellen, nicht nach Spieldauer gemessenen) Mitte des Aktes, zwischen Szene 5 und 6 (von 10) Szenen erweist sich die Beziehung zwischen Hildegard und Arbogast als gescheitert.

Der dritte Akt, in welchem jetzt wieder – wenn auch durch den entstehenden Neubau eines römischen Tempels leicht modifiziert – der erste Spielort gezeigt wird, hat ebenfalls in der Mitte, diesmal wiederum als eigene Szene, seinen Dreh- und Angelpunkt. Wenn sich Arbogast und Philo entzweien und somit die Utopie des Königs, ein gleichberechtigter Partner Roms zu sein, zerbricht, entsteht ein letzter Umschwung der Handlung, der den für ihn tragischen Ausgang – seinen Tod – evozieren wird. Dieser wiederum macht die versöhnliche, in eine frohere Zeit weisende Perspektive des Schlußbildes (Hildegard und Fritigern als Paar, eine junge Linde soll „Frieden und Freude"[10] sichern) erst möglich.

Vergleicht man das Textbuch mit dem Aufführungsmaterial, ergeben sich ergeben sich neben verschiedenen Textänderungen, die der Komposition Rechnung tragen, weitere Unterschiede: So beginnt im Textbuch die Szene I,3 schon zwei Verse früher, als in der komponierten Version und die Szene I,9 beginnt wiederum um drei Verse früher als im Libretto. Der gesungene Text bleibt dabei unverändert. Die vormaligen Szenen I,6 und I,7 werden zusammengezogen. In dieser Szene findet die entscheidende Begegnung zwischen Hildegard und Fritigern statt, schon von Heinz als zentrales Ereignis des ersten Aktes befunden. Somit hat dann der erste Akt nicht mehr 11, sondern nur noch 10 Szenen, die Begegnung der beiden späteren Liebenden bleibt aber auch bei dieser Zählung im Mittelpunkt: In I,5 erblickt Fritigern Hildegard und verliebt sich auf Anhieb in sie, in I,6 findet ein erstes Gespräch statt. Somit bleibt ihr erstes Treffen zentral in der Mitte des ersten Aktes angesiedelt.

Im zweiten Akt sind einige Verse eingefügt worden, welche den im Libretto ursprünglich nur angekündigten[11], nicht auf die Bühne gestellten Verlauf der betrügerischen Vogelschau schildern[12]. Szene 11 (vormals noch Szene 10 des Librettos) beginnt wieder einen Vers früher

---

[10] Vgl. dazu den Schluß der Oper, wenn Hildegard über den neu gepflanzten Baum singt „Zum stolzen Baum wachs er heran,
Daß bösre Geister fern er bann'!
Wohl tausend Jahre steh er kühn,
Frieden und Freude bringe sein Blühn!"
Zitiert nach dem Textbuch (Wagner Siegfried „DIE HEILIGE LINDE IN DREI AKTEN", Leipzig, o. J., S. 56).

[11] Vgl. dazu Wagner Siegfried „DIE HEILIGE LINDE IN DREI AKTEN", Textbuch, II,1, S. 21.

[12] Vgl. dazu Wagner Siegfried „DIE HEILIGE LINDE IN DREI AKTEN", Klavierauszug, II,3, S. 79-81.

als in der ersten Version und es sind die Verse der Isis-Anbetung eingefügt, die im Libretto nur als „Gesänge aus dem Isis-Tempel"[13] umschrieben wurden.

Die Szene 7 wird geteilt, so dass eine entscheidende Begegnung zwischen Hildegard und Fritigern für sich steht und der zweite Akt also letztlich 11, nicht mehr 10 Szenen umfaßt.

Somit steht in der Mitte des formalen Aufbaus Hildegards großer Monolog – Heinz hatte ihn auch schon als Zentrum der Handlung beschrieben, allerdings in Verbindung mit ihrem Zerwürfnis mit Arbogast in II,6. Arbogast tritt also – unter rein formalen Aspekten betrachtet – bei der Komposition der Partitur etwas aus dem Zentrum, die Rolle der Hildegard hingegen stärkt sich, rückt in die Mitte.

Der dritte Akt zieht in der Fassung letzter Hand den letzten Vers der Librettoversion von III,3 an das Ende von III,2. und sichert so Antenor ein frisches, nicht von anderen Handlungssträngen überschnittenes Auftreten in der 3. Szene zu seinem einzigen, wenn auch umso beeindruckenderen Lied.

Die restlichen Szenen des 3. Aktes halten sich an die Einteilung, die Siegfried Wagner bei Veröffentlichung des Librettos skizziert hat – allerdings fallen zwei größere Instrumentalparts ins Auge, die er aus theaterpraktischen Gründen eingefügt haben dürfte:

Einmal wird diese Musik von 73 Takten zum Ende von Szene III,6 dazu gebraucht, die Szene von Arbogasts Halle auf das Innere der kleinen Hütte umzubauen, in welcher Hildegard bei ihrem Kind wacht, das andere Mal sind es 31 Takte, die der Bühnentechnik zum Ende von Szene 7 Zeit lassen, das Innere dieser Hütte in die Landschaft davor zu verwandeln, in welche die neue kleine Linde gepflanzt wurde.

Fazit dieses – im Rahmen der Uraufführung dieses Werkes, die zeitgleich mit dem Kölner Siegfried Wagner-Symposiums stattfindet naheliegenden – Exkurses:

Auch wenn Siegfried Wagner sein Libretto oft schon Jahre vor der Vollendung seiner Komposition veröffentlicht, so bleibt er doch den klaren Formen und dem architektonisch exakten Bau seiner Opern – fast möchte man von einer dramaturgischen Statik sprechen – treu. Effektsicher und versiert liefert Siegfried Wagner einen Handlungsaufbau, dem der Theaterpraktiker trauen kann: Wichtiges ist zentral gesetzt, Umbaumusiken ermöglichen eine angemessene Bühnenrealisation, Szenen werden klar begrenzt und gegliedert – die Jahrzehnte im Dunstkreis und Dienst des väterlichen Welttheaters haben sich für den Sohn bezahlt gemacht.

---

[13]   Vgl. dazu Wagner Siegfried „DIE HEILIGE LINDE IN DREI AKTEN", Klavierauszug, II,11, S. 138-141.

Ein klarer, symmetrischer Aufbau der Szenenabfolge kann bei Siegfried Wagner tatsächlich als signifikant in allen seinen Werken gesehen werden. Anders sieht es bei der **Verwaltung der Handlungsstränge** aus, hier herrscht meist bunte Fülle zwischen Haupt und vielfältigen (oft auch nur angedeuteten) Nebenhandlungen. Scheinbar unmotiviert treten mehrfach Nebenfiguren ins Geschehen ein, die den Dramaturgen geradezu reflexhaft den roten Stift zücken lassen. Oft werden beispielsweise Handlungen, die bei einem anderen Libretto ohne weiteres einen ganzen Akt tragen könnten, in einer einzigen Szene verbraten und bleiben dann natürlich etwas umrißhaft, ja: sie fallen letztlich so wenig ins Gewicht, daß man sie gleich streichen könnte.

So die Nerthus-Feier in I,5 der „HEILIGEN LINDE", deren Bedeutung zwar zuvor kurz erläutert wird, die aber inhaltlich nur auf wenige Motivationen verweisen kann:

Arbogast fehlt jedes Verständnis für die Bräuche seines Volkes und Hildegard ist traditioneller orientiert als der römisch-neumodische Gatte – beides wird aber schon beim Streit um die Abholzung der Linde und dem folgenden Dialog der beiden in I,1 bzw. I,3 klar. Ein weiteres Erzählmotiv für das Nerthusfest wäre eine Charakterisierung der Germanen: Diese haben barbarische, blutige Bräuche, die aber in ihren Denkstrukturen als „gerecht" empfunden werden, so z. B. die Ermordung der Kriegsgefangenen nach dem Nerthusfest-Ritus, deren Leben man wohl also ohnehin verwirkt betrachtet. Doch die gleiche Botschaft vom barbarisch-konsequenten Germanentum signalisiert auch die Geißelung der Ehebrecherin in I,9.

Somit könnte man inhaltlich – von der Musik ist hier wohlgemerkt keine Rede – ohne Einbuße auf den überwiegenden Teil von I,5 verzichten, zumal der Verlauf des Nerthus-Festes auch noch so diffus bleibt, daß man nicht einmal daraus schließen kann, ob denn die Kriegsgefangenen jetzt durch das Veto Arbogasts gerettet sind oder nicht. Der Text und die Regieanweisungen lassen in diesem Punkt dem Regisseur freie Hand.

Ähnliches ließe sich auch beispielsweise von II,4, dem inszenierten Aufstand gegen Philo und seiner Niederschlagung, sagen – auch hier eine kurze, die Haupthandlung brechende Szene, die wie ein schneller Spuk vorbei ist und keine wirkliche Funktion zu haben scheint: Philo haben wir auch schon an anderen Stellen als gewitzten Intriganten erlebt.

Für solche dramaturgisch verzichtbaren Szenen ließen sich viele Beispiele anführen – eine echte Eigenart des Librettisten Siegfried Wagners! Natürlich haben sie ihren Grund, wenn sie auch für den Fortgang der Handlung belegbar nicht notwendig sind: Vielfältiges Geschehen auf der Bühne, oft auch die bewegte Masse von Chor und Statisten bringen Abwechslung ins Spiel und verhindern das Verkümmern einer Oper zum reinen Diabgabend. In dieser

Üppigkeit der Handlungsstränge, oft sogar in der Positionierung dieser Szenen erweist sich die Nähe zur Großen Oper – hier wäre nähere Analyse lohnend.

Zuletzt aber, dies konnte ich bei der szenischen Realisierung von „BRUDER LUSTIG" am Theater Hagen miterleben, welche ich 1999/2000 im Rahmen meiner dortigen Tätigkeit beobachten konnte: Gerade solche „schwebenden" Szenen bieten oft dem Regisseur entscheidende Ansatzmöglichkeiten[14].

Eine andere Eigenheit bei Siegfried Wagner ist, daß er oft scheinbar lohnende Szenen „verschenkt", so findet der Tod Arbogasts, der doch in der vorhergehenden Handlung der „HEILIGEN LINDE" eine der wirklich prägenden Figuren war, quasi unbemerkt auf der Hinterbühne statt, einen Sterbemomolog schreibt ihm Siegfried Wagner nicht. Ähnliches kann man oft beobachten, anscheinend haben die Opernfiguren einsame, unbemerkte Momente, in welchen ihnen Entscheidendes widerfährt oder sie Wandlungen in ihren Ansichten erfahren – oft auch in der Tradition von Botenbericht, Brief oder Teichoskopie, wie beispielsweise Kaiser und Publikum in den „SONNENFLAMMEN" III,1 nur durch einen Brief vom Selbstmord der Königin und ihrem behinderten Kind erfahren.

Die Dichte der Handlungsstränge und das Geballte des Geschehens (ganz in der Tradition der klassischen Dramentheorie findet meist das ganze Operngeschehen innerhalb weniger Tage statt) zwingt den Librettisten, manche Fäden unterwegs unbeachtet zu lassen oder sie abrupt abzuschneiden.

Spannend bei der Gesamtschau der Opern Siegfried Wagners sind auch die immer wieder vorkommenden werkimmanenten **Querbezüge** zu seinen anderen Opern, wie man sie ja auch beim Werk seines Vaters weit häufiger als bei jenem oft zitierten musikalischen und inhaltlichen „Tristan"-Zitat in den „Meistersingern" finden kann. Bei Siegfried Wagner können diese Querverweise ebenfalls musikalischer Art (wie die mehrfache Verwendung des Chorals „Oh Haupt voll Blut und Wunden" oder seine typische musikalische Charakterisierung der „Teufelswelt"), aber auch inhaltlicher Art sein. Nur als ein Beispiel sollen hier Namensähnlichkeiten angeführt werden; so korrespondiert die Dirne Eunoe[15] aus den „SONNENFLAMMEN", welche im entscheidenden Moment mit der Heldin Iris ausgetauscht wird und an deren Stelle dem despotischen Kaisers Alexios untergeschoben wird mit der

---

[14] Z. Bsp. in II,1 („Walzer mit Tanz-Pantomime" und „Hahnenschlag" in „BRUDER LUSTIG").

[15] Eu = gut, Noäma= Sinn, Entschluss, also bedeutet der Name etwa die „Wohlgesinnte", die „Gutentschlossene".

Mätresse und falschen Kaiserstochter Autónoe[16] in „DIE HEILIGE LINDE", durch welche Arbogast, ebenfalls in erotischer Hinsicht, getäuscht wird. Beispiele derartiger werkimmaneter Korrespondenzen ließen sich en masse finden und wurden von Siegfried Wagner geradezu wie Duftspuren durch sein opus gezogen. Da ja schon zu seinen Lebzeiten nur eine geringe Aufführungsfrequenz seiner Werke zu beobachten war, muß er solche „Fußnoten" zu seiner eigenen Freude und für zeitgenössische/zukünftige Kenner seiner Arbeit geschrieben haben. Oder sollte ihm die Beobachtung der Richard-Wagner-Forschung, die ja ganze Bände mit solcherart Beobachtungen gefüllt hat, dazu verleitet haben?

Ich komme zum Ende, und zwar nicht nur meiner Ausführungen: Bei jedem Drama, jedem Libretto läßt das Ende der Handlung interessante Beobachtungen zu. Im Werk Siegfried Wagners lassen sich die Schlußszenen wie folgt kennzeichnen:

OP. 1: „DER BÄRENHÄUTER"

Verehelichung und Erlösung des Verdammten

OP. 2: „HERZOG WILDFANG"

Verehelichung der Hauptdarstellerin und Läuterung des Fehlgeleiteten

OP. 3: „DER KOBOLD"

Tod der Protagonistin, doch dadurch Erlösung ihres Bruders

OP. 4: „BRUDER LUSTIG"

Das „richtige" Paar findet sich und ein Verfemter wird wieder in die Gesellschaft aufgenommen, eine Friedensaxt dient als Zeichen

OP. 5: „STERNENGEBOT"

Das Herzensgebot, die Liebe, siegt über scheinbar ausweglose Determinierung, es besteht Hoffnung, daß nach dem Kreuzzug die Liebenden zusammenfinden

OP. 6: „BANADIETRICH"

Durch die Liebe der Nixe wurde Banadietrich zur Reue bewegt und seine Seele gerettet, ihm steht ein Leben mit ihr in den Tiefen des Sees bevor

OP. 7: „SCHWARZSCHWANENREICH"

Ein Wunder belegt, daß Hulda und Liebhold – obwohl auf dem Scheiterhaufen verbrannt – himmlische Verzeihung erhielten

OP. 8: „SONNENFLAMMEN"

---

[16] Der Name bedeutet dann in etwa die „Selbstbewußte", im Gegensatz zu der mehr schematisch bleibenden Eunoe führt ja auch Autonoe einen eigenen Entschluß aus und offenbart die Täuschung, an der sie beteiligt gewesen war.

Fridolin, der sich zeitweilig anfechtbar und feig betragen hat, muß sterben, die letztlich keinen Anfechtungen erlegene Iris wird aus der brennenden Halle gerettet

OP. 9: „DER HEIDENKÖNIG"

Das Volk wird nicht vom heidnischen Zauber gebannt, sondern bekennt sich zum Christentum, die sittlich anfechtbare Ellida stirbt und Radomar durch diese „Sünderin" gerettet

OP. 10: „DER FRIEDENSENGEL"

Den beiden gesellschaftlichen Außenseitern wird durch eine Engelserscheinung wenigstens eine christliche Bestattung zuteil

OP. 11: „AN ALLEM IST HÜTCHEN SCHULD"

Der Übeltäter wird entlarvt und muß schwören, von nun an gut zu sein, alle Gestorbenen erstehen wieder auf

OP. 12: Erste Fassung: „DAS LIEBESOPFER"

Das Paar kommt nicht zusammen: Er zieht in den Krieg und sie geht ins Kloster um für den verdammten Sünder zu büßen

OP. 12: Zweite Fassung: „WERNHART"

Das Paar findet sich, die Seele des verdammten Sünders wird zusätzlich gerettet

OP. 13: „DER SCHMIED VON MARIENBURG"

Der während dem Stück fehlgeleitete Schmied rettet durch sein Opfer alle Bewohner der Burg, fällt dafür allerdings im Kampf

OP. 14: "RAINULF UND ADELASIA"

Die Protagonistin erfährt kein Liebesglück, erhält aber eine neue Aufgabe in der Pflege eines Kindes

OP. 15: „DIE HEILIGE LINDE"

Der fehlgeleitete Protagonist stirbt nach seiner Läuterung, dadurch eröffnet sich eine Perspektive für ein neues Paar und für ein friedliches Miteinander

OP. 16: „WAHNOPFER"

Die Mutter des durch ihre Schuld verunglückten Kindes verzeiht der Hauptdarstellerin und ihr steht mit dem neugewonnenen Partner die Zukunft offen

OP. 17: „WALAMUND"

Ein wahrhaft tragisches Ende, einer opfert sich für die anderen, nachdem gerade zuvor schon ein Königspaar ermordet und ein Bariton erdolcht wurde. Daß dabei endlich das junge Paar zusammenfinden kann, tritt tatsächlich etwas in den Hintergrund

OP. 18: „DAS FLÜCHLEIN, DAS JEDER MITBEKAM"

Alle Handlungsstränge lösen sich in Wohlgefallen auf – ein Märchenende, nur der König hat sich totgelacht

Insgesamt kann man also sagen, daß Siegfried Wagner bei seinen Opernschlüssen zur Überwindung des Bösen und zur Erschaffung eines guten Endes geneigt ist und selbst bei noch so tragischen Schlußkonstellationen gerne eine versöhnliche Komponente mit einfließen läßt.

Soweit der Dramaturg bei einer kursorischen und notgedrungen von Sekundäreindrücken weitgehend freien Sichtung der Werke Siegfried Wagners.

Woran wird er sich nun erinnert fühlen? Opernlibretti, die dem klassischen Aufbau des Dramas gleichen, wenn sie auch nicht fünf- sondern dreiaktig sind, die fixe Position des Balletts, das Handeln zum Teil hehre Figuren in oft tragischen Konfliktsituationen, große Chöre – all dies steht in der Tradition der großen Oper. Wie diese fordert auch Siegfried Wagners Werk einen funktionierenden Apparat, ist nichts für die „Klitsche" eines Striehse. So urteilt auch sein Zeitgenosse und Bühnenbildner Kurt Söhnlein:

> „Gute Aufführungen, das ist allerdings Vorbedingung für wirkliches Zur-Geltung-Bringen dieser Opern. Sie sind allesamt ganz und gar nicht leicht zu inszenieren und – besonders wichtig! – zu besetzen! Bühnen-Routiniers als Dirigenten und Regisseure sind ihnen nicht gewachsen, – beide müssen feinfühlige ‚Mitdichter' an dem oft halb verborgenen, poetischen gefüge des Geschehens sein, sie müssen es mit Liebe klarlegen. Und Schmalz-Tenöre können solchen Draufgängerburschen wie dem Bärenhäuter Hans Kraft, dem Bruder Lustig, dem munteren Märchen-Frieder, – oder dem schicksalsbelasteten, entsagungsbereiten Helferich im ‚Sternengebot' niemals gerecht werden.
> So wenig wie Opern-Soubretten, selbst gute, einem tapfer-treuen Luisel, einer zarten Walburg, einem resulut-mutterwitzbegabten Katerlieschen, – oder gar Helferichs hochgesinnter Partnerin Agnes nahe kommen können. – Es müssen Sänger und Sängerinnen sein mit der Fähigkeit, echte Menschen zu formen. Wie selten sind die! Das wäre die eine Ursache zum erschwerten Durchdringen der Opern, – wie man sie wohl sich erklären könnte. – Die andere liegt in deren Handlungen, die aus Märchen, Sage, Geschichte in oft überreicher Phantasie oder Phantastik geboren sind, unter vielen Zudichtungen eigener Erfindung. – Ihre Verzweigtheit mit Nebenhandlungen, ernsten oder mit Vorliebe komischen Episoden, die Kompliziertheit ihrer Bedingnisse, Vorgeschichten und dergleichen fanden – nicht zu Unrecht – manchen Tadler. Siegfrieds sensitiv geleistetes Schöpfertum liebt halbes Verstecktbleiben von Beziehungen, – Andeutungen statt Klarheit, – setzt feines Ahnungs- und Einfühlungsvermögen des Zuschauers voraus. […] Dies aber muß gesagt sein: Verworrenheit, – wie manchmal behauptet – ist nicht in Siegfrieds Opernhandlungen."[17]

---

[17]   Söhnlein, Kurt „Erinnerungen an Siegfried Wagner und Bayreuth", Bayreuth 1980, S. 87f.

Also: Gute Aufführungen lohnen Wagnis und Mühe einer Siegfried Wagner-Aufführung, könnte die Schlußfolgerungen eines Dramaturgen lauten – und so darf ich meinen Beitrag damit beschließen, daß sich das Theater Augsburg, an welchem ich zur Zeit verpflichtet bin, gerade mit der Überlegung trägt, eine Siegfried Wagner-Oper auf den Spielplan zu setzen.